HEYNE KOCHBÜCHER

Dr. Oetker
Nudeln & Aufläufe
50 KLASSIKER

WILHELM HEYNE VERLAG
MÜNCHEN

Vorwort

Nudeln gibt es in zahlreichen Formen und Farben.
Und auch bei uns gibt es sie mindestens einmal in der Woche. Der Klassiker
Spaghetti Bolognese ist bei Kindern genauso angesagt
wie bei den Erwachsenen. Und mit würzigem Käse überbacken verleitet ein
Auflauf schon mal dazu, einen Löffel mehr zu nehmen.

Die Rezepte sind einfach zuzubereiten und, soweit nicht anders vermerkt,
für 4 Portionen ausgerichtet.

Inhaltsübersicht

Nudeln & Aufläufe
mit Fisch und
Meeresfrüchten

Seite 6-21

Nudeln & Aufläufe
mit Fleisch

Seite 22-45

Nudeln & Aufläufe
mit Gemüse

Seite 46-77

Aufläufe
mit Kartoffeln

Seite 78-93

Nudeln & Aufläufe mit Fisch & Meeresfrüchten

Nudeln mit Lachs-Sahne-Sauce

(3 Portionen)

Zutaten:

300 g TK-Lachsfilets
300 g grüne Bandnudeln
Salzwasser
2 mittelgroße Stangen Porree (Lauch)
40 g Butter
1 EL Weizenmehl
125 ml (⅛ l) Gemüsebrühe
200 ml Schlagsahne
etwas Zitronensaft
Salz
frisch gemahlener Pfeffer

1. Lachsfilets aus der Packung nehmen und zugedeckt bei Zimmertemperatur gut antauen lassen. Die Filets dann kurz unter fließendem kalten Wassser abspülen und trockentupfen.

2. Bandnudeln in reichlich kochendem Salzwasser nach Packungsanleitung bissfest kochen, auf ein Sieb geben, kurz mit kaltem Wasser übergießen und gut abtropfen lassen.

3. In der Zwischenzeit Porree putzen, halbieren, gründlich waschen, abtropfen lassen und in Streifen schneiden.

4. Butter in einem Topf erhitzen, die Porreestreifen darin andünsten, Mehl darüber stäuben und unter Rühren hellgelb andünsten. Brühe und Sahne zugießen, alles zum Kochen bringen und etwa 5 Minuten kochen lassen.

5. Lachsfilets in Würfel schneiden, mit Zitronensaft beträufeln, salzen und pfeffern. Lachswürfel in die Sauce geben, etwa 5 Minuten bei schwacher Hitze darin garen.

6. Die Nudeln vorsichtig unterheben und sofort servieren.

Veränderung: Anstatt Porree für die Lachs-Sahne-Sauce TK-Blattspinat verwenden. Dafür 1 fein gewürfelte Zwiebel und Knoblauchzehe in der Butter andünsten, Mehl anschwitzen, mit Brühe und Sahne auffüllen, zum Kochen bringen. 300 g aufgetauten, abgetropften, grob geschnittenen TK-Blattspinat hinzufügen und aufkochen. Weitere Zubereitung unter Punkt 5.

Maritimer Spaghettiauflauf

Zutaten:

250 g Spaghetti
1 EL Speiseöl
200 g TK-Muscheln (ohne Schale)
200 g Lachsfilet
150 g grüner Spargel
1 Bund glatte Petersilie
Olivenöl
Salz
frisch gemahlener Pfeffer
2–3 EL Zitronensaft
400 ml Schlagsahne
3 Eier (Größe M)
2 EL geriebener Parmesan
4 EL geriebenes Weißbrot
40 g Butterflöckchen

1. Die Nudeln in kochendem Salzwasser mit Öl nach Packungsanleitung bissfest garen, abgießen, auf ein Sieb geben, kalt abspülen und abtropfen lassen.

2. Muscheln auftauen lassen. Das Lachsfilet kalt abspülen, in Würfel schneiden. Den Spargel waschen, das untere Drittel evtl. schälen und holzige Enden abschneiden, in Salzwasser etwa 4 Minuten kochen und auf ein Sieb geben.

3. Petersilie abspülen, trockentupfen, die Blättchen fein hacken.

4. Spaghetti, Lachswürfel, Muscheln, Spargel und Petersilie gut mischen, in eine mit Öl ausgepinselte Auflaufform füllen, mit Salz, Pfeffer und Zitronensaft würzen.

5. Sahne mit Eiern verquirlen, mit Salz und Pfeffer würzen und über den Auflauf gießen. Geriebenen Parmesan und Weißbrot vermischen, darüber streuen, mit Butterflöckchen bestreuen und auf dem Rost in den Backofen schieben.

Ober-/Unterhitze:
etwa 180 °C (vorgeheizt)
Heißluft:
etwa 160 °C (vorgeheizt)
Gas: Stufe 2–3 (vorgeheizt)
Backzeit: etwa 30 Minuten.

Beigabe: Tomatensalat.

Spaghetti Siziliana

Zutaten:

1 große Aubergine (300 g)
Salz
2 gelbe Paprikaschoten
400 g Tomaten
4 Sardellenfilets
2 EL abgetropfte Kapern
12 schwarze, entsteinte Oliven
3 Knoblauchzehen
6 EL Olivenöl
frisch gemahlener Pfeffer
400 g Spaghetti
1 EL Speiseöl
40 g geriebener Parmesan
einige Basilikumblätter

1. Die Aubergine waschen, Stielansatz und Ende abschneiden. In etwa 1 cm dicke Scheiben schneiden. Scheiben mit Salz bestreuen und 15 Minuten ziehen lassen.

2. Die Paprikaschoten halbieren, entstielen, entkernen, die weißen Scheidewände entfernen. Schoten unter dem Grill rösten, bis die Haut Blasen wirft, mit einem feuchten Küchentuch abgedeckt 5–10 Minuten abkühlen lassen. Die Haut abziehen und Fruchtfleisch in Würfel schneiden.

3. Die Auberginenscheiben kalt abspülen, trockentupfen und in kleine Würfel schneiden. Tomaten kurz in kochendes Wasser legen (nicht kochen lassen), in kaltem Wasser abschrecken, enthäuten, vierteln, Stängelansätze herausschneiden und das Fruchtfleisch in kleine Würfel schneiden.

4. Die Sardellenfilets und Kapern fein hacken, Oliven klein schneiden. Knoblauchzehen abziehen und fein hacken.

5. Das Öl erhitzen, Knoblauch darin andünsten. Alle Zutaten dazugeben und etwa 15 Minuten köcheln lassen. Die Sauce mit Salz und Pfeffer würzen.

6. Die Spaghetti in kochendem Salzwasser mit Öl nach Packungsanleitung bissfest garen, abgießen, auf ein Sieb geben und abtropfen lassen.

7. Die Nudeln mit der heißen Gemüsesauce vermischen, mit Parmesan bestreuen und mit Basilikumblättchen garnieren.

Spaghetti mit Meeresfrüchten
(Foto)

Zutaten:

400 g Spaghetti
1 EL Speiseöl
250 g TK-Lachsfilet, aufgetaut
1 Pck. (275 g) TK-Meeresfrüchte (gekocht und aufgetaut)
1 große Zwiebel
2 Knoblauchzehen
2 EL Olivenöl
100 g Schmand
Salz
frisch gemahlener grober, bunter Pfeffer
Basilikumblättchen

1. Die Spaghetti in kochendem Salzwasser mit Öl nach Packungsanleitung bissfest garen, abgießen, auf ein Sieb geben und abtropfen lassen.

2. Das Lachsfilet unter fließendem kalten Wasser abspülen, trockentupfen, in Würfel schneiden. Die Meeresfrüchte in ein Sieb geben, unter fließendem kalten Wasser abspülen, abtropfen lassen.

3. Zwiebel und Knoblauch abziehen, würfeln und im erhitzten Öl andünsten. Lachs und Meeresfrüchte zugeben, andünsten, den Schmand unterrühren und mit Salz und Pfeffer würzen. Die Meeresfrüchte etwa 6 Minuten im geschlossenen Topf dünsten.

4. Die Spaghetti und Meeresfrüchte mischen und mit Basilikumblättchen garniert servieren.

Beigabe: Gemischter Blattsalat.

Spaghetti mit Thunfisch

Zutaten:

500 g Tomaten
3 EL Olivenöl
Salz
frisch gemahlener Pfeffer
etwa 300 g Thunfisch (naturell aus der Dose)
1–2 EL Sardellenbutter (Tube)

400 g Spaghetti
1 EL Speiseöl
evtl. 1–2 EL gehackte Petersilie

1. Tomaten kurz in kochendes Wasser legen (nicht kochen lassen), kalt abschrecken, enthäuten, die Stängelansätze herausschneiden, die Tomaten klein schneiden. Öl in eine Pfanne geben und erhitzen, Tomatenstücke in die Pfanne geben, etwa 15 Minuten dünsten lassen, mit Salz und Pfeffer würzen.

2. Den abgetropften, zerkleinerten Thunfisch und die Sardellenbutter dazugeben und etwa 5 Minuten dünsten lassen, evtl. nochmals abschmecken.

3. Spaghetti in kochendem Salzwasser mit dem Öl nach Packungsanleitung bissfest garen, abgießen, auf ein Sieb geben und abtropfen lassen.

4. Die Spaghetti und Sauce auf Tellern anrichten. Nach Belieben mit Petersilie bestreuen, sofort servieren.

Beigabe: Paprikasalat.

Grüne Nudeln mit Fischsauce (3 Portionen)

Zutaten:

2 l Wasser
1 EL Speiseöl
1 Lorbeerblatt
1–2 Salbeiblätter, Salz
300 g grüne Nudeln
2 große Zwiebeln (150 g)
300 g Rotbarschfilet
2 EL Speiseöl, Zitronensaft
Pfeffer, Paprika edelsüß
100 ml Schlagsahne
3 EL gehackte Kräuter,
z. B. Dill, Zitronenmelisse oder Kerbel
evtl. 1 Knoblauchzehe

1. Das Wasser mit Öl, Lorbeerblatt, Salbeiblättern und Salz zum Kochen bringen. Die Nudeln hinzufügen, nach Packungsanleitung bissfest garen.

2. Die Nudeln auf ein Sieb geben, abtropfen lassen und das Kochwasser auffangen.

3. Die Zwiebeln abziehen, halbieren, würfeln.

4. Das Rotbarschfilet abspülen, trockentupfen und in etwa 1–2 cm große Würfel schneiden.

5. Die Zwiebelwürfel in dem erhitzten Öl glasig dünsten lassen. Fischwürfel dazugeben, kurz von allen Seiten anbraten. Mit Zitronensaft, Pfeffer, Paprika und Salz würzen. Etwas Nudelwasser und die Sahne dazugießen.

6. Die Kräuter und evtl. die abgezogene, fein zerdrückte Knoblauchzehe untermischen. Die Sauce mit Pfeffer und wenig Salz abschmecken. Die Nudeln unter die Sauce mischen, erwärmen und sofort servieren.

Auflauf von grünen Nudeln mit Shrimps und Schinken

Zutaten:

500 g grüne Bandnudeln
1 EL Speiseöl
Salz
150 g gekochter Schinken
2 Tomaten
1 Zwiebel
100 g Shrimps (Garnelen)
2 Becher (400 ml) Schlagsahne
1 Becher (150 g) Crème fraîche
4 Eier (Größe M)
frisch gemahlener Pfeffer
geriebene Muskatnuss
40 g geriebener Parmesan

1. Nudeln in Salzwasser mit Öl nach Packungsanleitung bissfest kochen, abgießen und gut abtropfen lassen.

2. Eine Auflaufform ausfetten. Schinken in Würfel schneiden. Von den Tomaten den Stängelansatz herausschneiden, die Tomaten würfeln. Die Zwiebel abziehen, fein würfeln.

3. Bandnudeln, Shrimps, Schinken-, Tomaten- und Zwiebelwürfel mischen und in die Auflaufform füllen.

4. Sahne, Crème fraîche und Eier mit Salz, Pfeffer und Muskat würzen, verrühren und über den Auflaufzutaten verteilen.

5. Die Form auf dem Rost in den Backofen schieben.

Ober-/Unterhitze:
etwa 180 °C (vorgeheizt)
Heißluft:
etwa 160 °C (nicht vorgeheizt)
Gas: Stufe 2–3 (nicht vorgeheizt)
Gratinierzeit: etwa 50 Minuten.

6. Kurz vor Garende den Parmesan über den Auflauf streuen und überbacken.

Tipp

Grüne Nudeln selbst gemacht: Dafür 250 g TK-Blattspinat kurz erhitzen, pürieren und erkalten lassen. 250 g Weizenmehl sieben, mit 250 g Hartweizengrieß mischen. 3 Eier mit 1 EL Öl und 1 TL Salz verschlagen, zu dem Mehl geben, mit einem Teil davon zu einem dicken Brei verarbeiten. Spinat zugeben, alles zu einem glatten Teig verkneten. Den Teig nudeldick ausrollen und Nudeln ausschneiden. Die Nudeln vor dem Garen trocknen lassen. In Salzwasser etwa 7 Minuten gar kochen.

Fischauflauf Mittelmeer (Foto)

Zutaten:

- 1 Gemüsezwiebel
- 500 g Auberginen
- 500 g Zucchini
- 5 EL Olivenöl
- 40 g Butter
- 4 Tomaten
- Salz
- frisch gemahlener Pfeffer
- 600 g Lachsforellen- oder Seelachsfilet
- 2 EL Zitronensaft
- gerebelter Oregano
- gerebeltes Basilikum

1. Die Gemüsezwiebel abziehen, vierteln, in Streifen schneiden. Auberginen und Zucchini waschen, Stängelansätze entfernen, halbieren und in Scheiben schneiden.

2. Gemüse in erhitztem Olivenöl andünsten. Evtl. 2 Esslöffel Wasser zugeben.

3. Eine feuerfeste Form mit 1 Teelöffel Butter einfetten. Das Gemüse hineingeben.

4. Tomaten waschen, Stängelansätze herausschneiden. Die Tomaten kurze Zeit in kochendes Wasser legen (nicht kochen lassen), in kaltem Wasser abschrecken, enthäuten und entkernen, in Scheiben schneiden, auf dem Gemüse verteilen und mit Salz und Pfeffer bestreuen.

5. Das Fischfilet abspülen, trockentupfen, mit Zitronensaft beträufeln, salzen und auf das Gemüse legen. Mit Pfeffer, Oregano und Basilikum bestreuen. Die restliche Butter in Flöckchen darauf setzen. Die Form auf dem Rost in den Backofen schieben.

Ober-/Unterhitze:
etwa 200 °C (vorgeheizt)
Heißluft:
etwa 180 °C (vorgeheizt)
Gas: Stufe 3–4 (vorgeheizt)
Backzeit: etwa 20 Minuten.

Beigabe: Risotto.

Tagliatelle verdi mit Lachs

Zutaten:

- 250 g geräucherter Lachs
- 2 Schalotten
- 1 EL Butter
- 200 ml Weißwein
- 1 Becher (125 g) Crème double
- Salz
- frisch gemahlener Pfeffer
- 500 g Tagliatelle verdi (grüne Bandnudeln)
- 1 EL Speiseöl
- 3 Zweige Basilikum

1. Den Lachs in Streifen schneiden. Die Schalotten abziehen, fein hacken. Die Butter zerlassen, die Schalotten darin weich dünsten, mit Weißwein ablöschen und bis auf ⅓ einkochen lassen.

2. Die Crème double unterrühren, mit Salz und Pfeffer würzen.

3. Die Nudeln in kochendem Salzwasser mit Öl nach Packungsanleitung bissfest garen, auf ein Sieb schütten und abtropfen lassen. Die Nudeln sofort mit der Sauce vermengen und auf vorgewärmte Teller füllen. Den Lachs dekorativ darauf verteilen.

4. Die Basilikumzweige abspülen, trockentupfen, die Blättchen in Streifen schneiden und über die Nudeln geben.

Beigabe: Tomaten-, Gurkensalat.

Sardinische Fischmakkaroni

Zutaten:

250 g Makkaroni
1 EL Speiseöl
400 g Fischfilet,
z. B. Seelachs, Kabeljau
Zitronensaft
Salz
125 ml (⅛ l) Fischbrühe
125 ml (⅛ l) Weißwein
200 g mittelalter Gouda
1 Stange Porree (Lauch)
2 Fenchelknollen
5 Tomaten
40 g Butter
200 ml Schlagsahne
frisch gemahlener Pfeffer
20 g Butterflöckchen

1. Makkaroni in fingerlange Stücke brechen, in kochendem Salzwasser mit Öl nach Packungsanleitung bissfest garen, auf ein Sieb abgießen und abtropfen lassen.

2. Fischfilet unter fließendem kalten Wasser abspülen, trockentupfen, mit Zitronensaft beträufeln, wieder trockentupfen und mit Salz bestreuen.

3. Brühe mit Wein zum Kochen bringen, den Fisch hineingeben und in etwa 6 Minuten gar ziehen lassen.

4. Nudeln in eine gefettete Auflaufform geben und die Fischstücke darauf verteilen. Gouda reiben und ⅓ davon auf den Fisch geben.

5. Porree putzen, in Ringe schneiden und waschen. Fenchel putzen, waschen und in kleine Stücke schneiden. Tomaten enthäuten, vierteln und Stängelansätze herausschneiden.

6. Butter zerlassen, Porree und Fenchel darin etwa 5 Minuten dünsten, Tomaten hinzufügen, kurze Zeit miterhitzen und die Sahne unterrühren.

7. Das Gemüse mit Salz und Pfeffer abschmecken, auf den Fisch geben und mit dem restlichen Käse bestreuen. Nach Belieben Butterflöckchen darauf setzen. Die Form auf dem Rost in den Backofen schieben.

Ober-/Unterhitze:
etwa 200 °C (vorgeheizt)
Heißluft:
etwa 180 °C (vorgeheizt)
Gas: Stufe 3–4 (vorgeheizt)
Backzeit: etwa 30 Minuten.

Nudeln & Aufläufe mit Fleisch

Nudelauflauf mit Lammfleisch

Zutaten:

600 g Lammschulter (ohne Knochen)
6 EL Olivenöl
2 Knoblauchzehen
2 Zweige Thymian
Salz
weißer Pfeffer
250 g Makkaroni
500 g kleine Zucchini
1 kleine Fenchelknolle (etwa 250 g)
200 g rote Zwiebeln
3 Eier (Größe M)
200 ml Schlagsahne
150 g saure Sahne
Cayennepfeffer
geriebene Muskatnuss
125 g geriebener Hartkäse

1. Lammschulter unter fließendem kalten Wasser abspülen. Fleisch häuten, trockentupfen und in kleine Stücke schneiden. 3 Esslöffel Öl erhitzen und das Lammfleisch darin anbraten.

2. Knoblauchzehen abziehen, zerdrücken und hinzufügen. Thymian abspülen, trockentupfen, die Blättchen von den Stängeln zupfen, hinzufügen, mit Salz und Pfeffer würzen und beiseite stellen.

3. Makkaroni in Salzwasser mit Öl nach Packungsanleitung bissfest kochen. Die Nudeln auf ein Sieb geben und abtropfen lassen.

4. Von den Zucchini die Enden abschneiden, waschen und in etwa 2 mm dicke Scheiben schneiden. Fenchel waschen, braune Stellen abschneiden, halbieren und in Scheiben schneiden.

5. Zwiebeln abziehen, würfeln und in dem restlichen Olivenöl glasig dünsten. Zucchini- und Fenchelscheiben hinzufügen, unter Rühren andünsten, mit Salz und Pfeffer würzen.

6. Lammfleisch, Nudeln und Gemüse abwechselnd in eine gefettete, feuerfeste Form schichten, die letzte Schicht sollte aus Nudeln bestehen.

7. Eier mit Sahne und saurer Sahne verrühren, mit Salz, Cayennepfeffer und Muskat würzen, Käse unterrühren, über den Auflauf geben und die Form auf dem Rost in den Backofen schieben.

Ober-/Unterhitze:
180–200 °C (vorgeheizt)
Heißluft:
160–180 °C (nicht vorgeheizt)
Gas:
etwa Stufe 3 (nicht vorgeheizt)
Backzeit: etwa 35 Minuten.

8. Die ersten 20 Minuten abgedeckt garen, da sonst die Nudeln zu hart werden.

Fleischkäse-Gemüse-Auflauf

Zutaten:

1 Stange Porree (Lauch)
1 rote Paprikaschote
1 Dose Gemüsemais
(Abtropfgewicht 285 g)
3 EL Speiseöl
150 g TK-Erbsen
Salz
frisch gemahlener Pfeffer
Cayennepfeffer
4 Scheiben Fleischkäse
(je 100 g)
4 Eier (Größe M)
200 ml Schlagsahne
100 g geraspelter
Emmentaler

1. Porree putzen, längs halbieren, gründlich waschen und in Streifen schneiden. Paprikaschote halbieren, entstielen, entkernen, die weißen Scheidewände entfernen, Schote waschen und in Streifen schneiden. Mais auf einem Sieb abtropfen lassen.

2. Öl in einem Bräter erhitzen und die Porree- und Paprikastreifen darin andünsten. Mais und Erbsen hinzufügen und mit andünsten. Mit Salz, Pfeffer und Cayennepfeffer würzen. Evtl. etwas Wasser hinzufügen. Fleischkäse in Streifen schneiden und unter die Gemüse-Mischung heben.

3. Die Fleisch-Gemüse-Mischung in eine gefettete Auflaufform geben. Eier mit Sahne verschlagen, mit den Gewürzen abschmecken und über das Gemüse geben. Mit Emmentaler bestreuen. Die Form auf dem Rost in den Backofen schieben.

Ober-/Unterhitze:
etwa 200 °C (vorgeheizt)
Heißluft:
etwa 180 °C (nicht vorgeheizt)
Gas: Stufe 3–4 (nicht vorgeheizt)
Backzeit: etwa 35 Minuten.

Veränderung: Der Fleischkäse-Gemüse-Auflauf kann anstatt mit Fleischkäse auch mit der gleichen Menge geräucherter, gegarter Putenbrust oder gekochtem Schinken zubereitet werden.

Tipp

Wer eine feuerfeste Pfanne hat, braucht die angedünstete Gemüse-Fleischkäse-Mischung nicht in eine gefettete Auflaufform umzufüllen.

Lasagne

Zutaten:

Für die Fleischsauce:
2 EL Speiseöl
500 g Gehacktes
(halb Rind-, halb
Schweinefleisch)
200 g Zwiebeln
2 Knoblauchzehen
70 g Tomatenmark
(aus der Dose)
125 ml (⅛ l) Wasser
Salz
frisch gemahlener Pfeffer
Paprika edelsüß
½ Bund Basilikum

Für die Käsesauce:
40 g Butter oder
Margarine
40 g Weizenmehl
625 ml Milch
125 g geriebener,
mittelalter Gouda
Salz
frisch gemahlener Pfeffer
geriebene Muskatnuss

1 kg Fleischtomaten
½–1 Bund Basilikum
250 g grüne
Lasagneblätter

1. Für die Fleischsauce Öl erhitzen, Gehacktes hinzufügen und unter Rühren anbraten, dabei die Fleischklümpchen mit einer Gabel zerdrücken.

2. Zwiebeln und Knoblauchzehen abziehen, würfeln, zu dem Gehackten geben und mitdünsten lassen.

3. Tomatenmark mit Wasser unterrühren, mit Salz, Pfeffer und Paprika würzen. Basilikum abspülen, trockentupfen, die Blättchen von den Stängeln zupfen und zu dem Fleisch geben. Die Sauce etwa 15 Minuten schmoren lassen, evtl. nochmals abschmecken.

4. Für die Käsesauce Butter oder Margarine zerlassen, Mehl unter Rühren so lange erhitzen, bis es hellgelb ist. Milch unter Rühren hinzugießen, darauf achten, dass keine Klümpchen entstehen. Die Sauce zum Kochen bringen und ⅔ von dem Gouda unterrühren, etwa 5 Minuten kochen lassen, mit Salz, Pfeffer und Muskat abschmecken.

5. Tomaten kurz in kochendes Wasser legen (nicht kochen lassen), in kaltem Wasser abschrecken, enthäuten, halbieren, die Stängelansätze herausschneiden und die Tomaten in Scheiben schneiden. Basilikum abspülen, trockentupfen, die Blättchen von den Stängeln zupfen und die Blättchen hacken.

6. Eine Auflaufform ausfetten, abwechselnd jeweils einen Teil Lasagne-Nudeln, Fleischsauce, Tomatenscheiben (mit Pfeffer und Basilikum bestreut) und Käsesauce einschichten. Die letzte Schicht sollte aus Käsesauce bestehen, mit dem restlichen Käse bestreuen und die Form auf dem Rost in den Backofen schieben.

Ober-/Unterhitze:
200–220 °C (vorgeheizt)
Heißluft:
180–200 °C (vorgeheizt)
Gas: etwa Stufe 4 (vorgeheizt)
Backzeit: 20–30 Minuten.

Fettuccine mit Rindfleisch

(Foto – 3–4 Portionen)

Zutaten:

300 g Fettuccine
(dünne Bandnudeln)
1 EL Speiseöl
400 g Rinderfilet
2 EL Speiseöl
3 Zwiebeln
3 Knoblauchzehen
2 EL Speiseöl
250 g Zucchini
200 g Möhren
12 schwarze Oliven
Salz, Pfeffer
1 Bund Oregano

1. Fettuccine in kochendem Salzwasser mit Öl nach Packungsanleitung bissfest garen, auf ein Sieb abgießen und abtropfen lassen. Rinderfilet abspülen, trockentupfen und in Streifen schneiden.

2. Öl in einer Pfanne erhitzen, die Fleischstreifen darin kross anbraten, herausnehmen, warm stellen. Zwiebeln und Knoblauchzehen abziehen und fein würfeln.

3. Öl in die Pfanne geben, die Zwiebel- und Knoblauchwürfel hinzugeben und andünsten. Zucchini putzen, waschen, in Streifen schneiden. Möhren putzen, waschen, schälen, in Streifen schneiden. Das Gemüse in die Pfanne geben, ebenfalls andünsten, evtl. etwas Wasser zugeben und etwa 5 Minuten dünsten.

4. Oliven entsteinen, in Streifen schneiden, mit dem Fleisch zu dem Gemüse geben, salzen und pfeffern, umrühren. Oregano abspülen, trockentupfen, die Blättchen von den Stängeln zupfen, fein hacken, zu dem Gemüse geben. Die Nudeln mit dem Fleisch und dem Gemüse vermengen und heiß servieren.

Spaghetti Bolognese

Zutaten:

1 mittelgroße Zwiebel
1 Möhre
1 Stück Porree (Lauch)
1 Stück Sellerie
1 Knoblauchzehe
½ TL Salz
250 g Gehacktes
2 EL Butterschmalz
1 Dose geschälte
Tomaten (etwa 425 g)
1 EL Tomatenmark
gehackter Oregano
gehacktes Basilikum
Salz, Pfeffer
Paprika edelsüß

400 g Spaghetti
1 EL Speiseöl
geriebener Parmesan
Basilikumblättchen

1. Zwiebel abziehen, fein würfeln. Möhre putzen, schälen, waschen, in feine Würfel schneiden. Porree putzen, längs halbieren, waschen, in Streifen schneiden. Sellerie schälen, waschen, in feine Würfel schneiden. Das Gemüse beiseite stellen.

2. Knoblauchzehe abziehen, mit Salz zu einer Paste zerreiben. Das Gehackte mit der Knoblauchpaste und Butterschmalz in einer Pfanne krümelig braten, zwischendurch umrühren.

3. Das vorbereitete Gemüse zum Hackfleisch geben und etwa 5 Minuten mitgaren.

4. Tomaten grob zerkleinern, mit der Flüssigkeit und dem Tomatenmark zum Fleisch geben, gut miteinander verrühren, mit den Gewürzen kräftig abschmecken, etwa 5 Minuten weitergaren, zwischendurch umrühren. Die Sauce nochmals abschmecken, evtl. etwas Fleischbrühe hinzufügen.

5. Die Spaghetti in kochendem Salzwasser mit Öl nach Packungsanleitung bissfest garen, auf ein Sieb geben und abtropfen lassen.

6. Die Spaghetti auf Tellern anrichten, die Sauce darüber geben, mit Parmesan bestreuen und mit Basilikum garnieren.

Tortelliniauflauf mit Salbei und Parmaschinken

Zutaten:

250 g getrocknete Tortellini
(mit Käsefüllung)
1 EL Speiseöl
1 Bund Frühlingszwiebeln
½–1 Bund Salbei
150 g Parmaschinken
4 Tomaten (250 g)
3 EL Olivenöl
Salz
frisch gemahlener Pfeffer
1 zerdrückte Knoblauchzehe
1 Fenchelknolle (200 g)
2 Eier (Größe M)
200 ml Schlagsahne
150 g saure Sahne
30 g Butterflöckchen
30 g geriebener Parmesan

1. Die Nudeln in kochendem Salzwasser mit Öl nach Packungsanleitung bissfest garen, auf ein Sieb schütten und abtropfen lassen.

2. Die Frühlingszwiebeln putzen, waschen, in feine Ringe schneiden. Den Salbei abspülen, trockentupfen, die Blättchen von den Stängeln zupfen.

3. Den Parmaschinken in Würfel schneiden. Die Tomaten kurze Zeit in kochendes Wasser legen (nicht kochen lassen), mit kaltem Wasser abschrecken, enthäuten, die Stängelansätze herausschneiden, die Tomaten in Würfel schneiden.

4. Das Olivenöl erhitzen, das Gemüse, Salbei und die Schinkenwürfel darin andünsten, mit Salz, Pfeffer und Knoblauch würzen. Die Fenchelknolle halbieren, das Grün beiseite legen, in Scheiben schneiden, in etwas Salzwasser etwa 5 Minuten garen, alle Zutaten mischen und in eine gebutterte Auflaufform geben.

5. Die Eier mit Schlagsahne und saurer Sahne verquirlen, mit Salz und Pfeffer abschmecken, das Fenchelgrün unterrühren. Die Eiersahne über den Auflauf gießen, mit Butterflöckchen und Parmesan bestreuen und auf dem Rost in den Backofen schieben.

Ober-/Unterhitze:
etwa 200 °C (vorgeheizt)
Heißluft:
etwa 180 °C (vorgeheizt)
Gas: Stufe 3–4 (vorgeheizt)
Backzeit: etwa 25 Minuten.

Veränderung: Anstatt der getrockneten Tortellini können auch 2 Packungen frische Tortellini verwendet werden. Für Parmaschinken kann auch ein anderer luftgetrockneter Schinken oder Schinkenspeck verwendet werden.

Grüner Nudel-Fleisch-Topf

Zutaten:

250 g grüne Bandnudeln
1 EL Speiseöl
500 g Champignons
3 kleine Zwiebeln (150 g)
50 g Butter
Salz
frisch gemahlener Pfeffer
250 ml (¼ l) Schlagsahne
4 EL Speiseöl
500 g geschnetzeltes Schweinefleisch
etwa 150 ml Gemüsebrühe
1 Becher (200 g) Schmand
3 EL frische gehackte Petersilie
40 g Butterflöckchen
150 g geriebener Käse

1. Nudeln in kochendem Salzwasser mit Öl nach Packungsanleitung bissfest garen, auf ein Sieb schütten und abtropfen lassen.

2. Champignons putzen, mit Küchenpapier abreiben, evtl. abspülen, Champignons in Scheiben schneiden. Zwiebeln abziehen, fein würfeln.

3. Butter in einem Topf zerlassen. Zwiebeln darin glasig dünsten, Champignonscheiben hinzugeben, etwa 5 Minuten dünsten, salzen und pfeffern. Sahne hinzugeben und einmal aufkochen.

4. Öl erhitzen. Das Fleisch portionsweise darin anbraten, salzen, pfeffern und jeweils mit etwas Brühe ablöschen. Fleisch zu der Champignonmischung geben.

5. Schmand und Nudeln vorsichtig unterrühren und abschmecken. Petersilie unterrühren. Alles in eine Auflaufform geben, mit Butterflöckchen und Käse bestreuen. Die Form auf dem Rost in den Backofen schieben.

Ober-/Unterhitze:
etwa 180 °C (vorgeheizt)
Heißluft:
etwa 160 °C (vorgeheizt)
Gas: Stufe 2–3 (vorgeheizt)
Backzeit: etwa 20 Minuten.

Tipp

Der Auflauf kann auch mit in Streifen geschnittener Hähnchen- oder Putenbrust zubereitet werden.

Badischer Nudeltraum

Zutaten:

2 EL Speiseöl
400 g Gehacktes
(halb Rind-, halb
Schweinefleisch)
2 Zwiebeln
Salz
frisch gemahlener Pfeffer
250 g Schleifchen- oder
Bandnudeln
1 EL Speiseöl
500 g Broccoli
250 ml (¼ l)
Hühnerbrühe
3 Tomaten
2–3 EL geriebener,
mittelalter Gouda
40 g Butter

1. Öl erhitzen, Gehacktes hinzufügen und unter ständigem Rühren darin anbraten. Dabei die Fleischklümpchen mit einer Gabel zerdrücken.

2. Zwiebeln abziehen, fein würfeln, zum Fleisch geben, 2–3 Minuten mitbraten, mit Salz und Pfeffer würzen. Die Nudeln in kochendem Salzwasser mit Öl nach Packungsanleitung bissfest garen, auf ein Sieb gießen und abtropfen lassen.

3. Von dem Broccoli die Blätter entfernen. Den Broccoli waschen, abtropfen lassen, in Röschen teilen, die Röschen halbieren. Die Broccolistiele schälen, in Stücke schneiden. Hühnerbrühe zum Kochen bringen, den Broccoli 5 Minuten darin garen, auf ein Sieb geben und abtropfen lassen. Die Brühe auffangen.

4. Tomaten kurze Zeit in kochendes Wasser legen (nicht kochen lassen), in kaltem Wasser abschrecken, enthäuten, die Stängelansätze herausschneiden und Tomaten in Scheiben schneiden.

5. Fleisch und Nudeln in eine gefettete Auflaufform füllen, darauf Tomatenscheiben und Broccoliröschen geben, mit Salz und Pfeffer würzen, Brühe dazugießen. Den Auflauf mit Gouda und Butterflocken bestreuen und die Form auf dem Rost in den Backofen schieben.

Ober-/Unterhitze:
etwa 200 °C (vorgeheizt)
Heißluft:
etwa 180 °C (vorgeheizt)
Gas: Stufe 3–4 (vorgeheizt)
Backzeit: etwa 25 Minuten.

Eliche mit Hähnchenbrust

Zutaten:

300 g Eliche (Spiralnudeln)
1 EL Speiseöl
300 g Hähnchenbrust
200 g TK-Riesengarnelen, aufgetaut
2 EL Butterschmalz
3 Knoblauchzehen
1 Dose (400 g) pürierte Tomaten
1 Bund Frühlingszwiebeln
Salz
frisch gemahlener Pfeffer
2 Stängel Basilikum
125 g Mozzarella
75 g Parmesan

1. Die Nudeln in kochendem Salzwasser mit Öl nach Packungsanleitung bissfest garen, auf ein Sieb abgießen und abtropfen lassen.

2. Die Hähnchenbrust unter fließendem kalten Wasser abspülen, trockentupfen und in Streifen schneiden. Die Riesengarnelen am Rücken längs einschneiden, den Darm entfernen, unter fließendem kalten Wasser abspülen und trockentupfen.

3. Das Schmalz erhitzen, darin die Hähnchenbruststreifen und die Riesengarnelen anbraten. Die Knoblauchzehen abziehen, fein würfeln, ebenfalls anbraten. Die Tomaten hinzugeben, umrühren und zum Kochen bringen.

4. Die Frühlingszwiebeln putzen, waschen, in 1 cm große Stücke schneiden, in den Topf geben, mit Salz und Pfeffer würzen. Das Basilikum abspülen, trockentupfen, die Blättchen von den Stängeln zupfen, klein schneiden, in die Sauce geben.

5. Die Nudeln mit der Sauce mischen, alles in eine Gratinform geben. Den Mozzarella klein schneiden, auf das Gratin legen, mit dem geriebenen Parmesan bestreuen, etwa 5 Minuten unter dem vorgeheizten Grill gratinieren lassen.

Hackfleisch-Tomaten-Auflauf

Zutaten:

1 Zwiebel
1 Knoblauchzehe
4 EL Speiseöl
500 g Rindergehacktes
Salz
frisch gemahlener Pfeffer
1 Bund gehackter Oregano oder 1 TL gerebelter Oregano
200 g gekochter Langkornreis
1 Bund Petersilie
1 kg Fleischtomaten
2 Scheiben Toastbrot
1 Bund glatte Petersilie
40 g weiche Butter
2 EL Olivenöl

1. Zwiebel und Knoblauch abziehen, fein würfeln und in erhitztem Öl andünsten.

2. Gehacktes hinzufügen, unter ständigem Rühren anbraten, dabei die Fleischklümpchen mit einer Gabel zerdrücken, mit Salz, Pfeffer und Oregano würzen.

3. Reis mit gewaschener, fein gehackter Petersilie vermengen.

4. Tomaten waschen, Stängelansätze entfernen, in Scheiben schneiden (evtl. enthäuten).

5. Abwechselnd Hackfleisch, Reis und Tomatenscheiben in eine flache, gebutterte Auflaufform schichten. Dabei die Tomatenscheiben mit Salz und Pfeffer bestreuen. Die oberste Schicht sollte aus Tomaten bestehen.

6. Toastbrot entrinden, in kaltem Wasser einweichen, ausdrücken, mit der gewaschenen, trockengetupften Petersilie und Butter pürieren, mit Salz und Pfeffer würzen.

7. Die Masse auf die Tomaten streichen, mit Öl beträufeln und auf dem Rost in den Backofen schieben.

Ober-/Unterhitze:
180–200 °C (vorgeheizt)
Heißluft:
160–180 °C (nicht vorgeheizt)
Gas:
etwa Stufe 3 (nicht vorgeheizt)
Backzeit: etwa 35 Minuten.

Veränderung: Der Auflauf kann auch mit bissfest gekochten Nudeln (150 g – 200 g Trockengewicht) zubereitet werden. Für die „grüne Haube" kann auch 50 g Pesto (aus dem Glas) mit dem eingeweichten Brot (ohne Butter) püriert werden.

Zutaten:

500 g Penne
1 EL Speiseöl
Basilikumblätter
120 g Walnusskerne
50 g Butter
100 g gekochter Schinken
250 ml (¼ l) Schlagsahne
Salz
frisch gemahlener Pfeffer
80 g geriebener Parmesan

Penne nach Siena Art (Foto)

1. Nudeln in kochendem Salzwasser mit Öl nach Packungsanleitung bissfest kochen. Auf ein Sieb schütten und abtropfen lassen.

2. Basilikumblätter und Walnusskerne im Mörser zerstoßen.

3. Butter in einem Topf zerlassen, Basilikum und Nüsse hinzufügen und bei kleiner Hitze etwa 5 Minuten dünsten.

4. Den fein gewürfelten Schinken zusammen mit der Sahne dazugeben. Mit Salz und Pfeffer abschmecken.

5. Die abgetropften Penne hinzufügen und bei kleiner Hitze einige Male gut umrühren. Die Hälfte des Käses darunter mischen.

6. Nudeln in einer vorgewärmten Schüssel anrichten, mit Pfeffer und Parmesan bestreut servieren.

Zutaten:

Für die Füllung:
1 Brötchen
250 g Gehacktes (halb Rind-, halb Schweinefleisch)
Salz
frisch gemahlener Pfeffer
gerebelter Oregano
gerebelter Thymian
etwa 250 g Cannelloni

Für die Sauce:
300 g Crème fraîche
125 ml (⅛ l) Milch
geriebene Muskatnuss
gehacktes Basilikum
50 g geriebener Parmesan
Butter

Cannelloni Rosanella

1. Für die Füllung das Brötchen in kaltem Wasser einweichen, gut ausdrücken, mit Gehacktem vermengen und die Masse mit Salz, Pfeffer, Oregano und Thymian würzen.

2. Die Cannelloni damit füllen (am besten mit Hilfe eines Spritzbeutels, ohne Tülle). Die Cannelloni nebeneinander in eine gefettete Auflaufform legen.

3. Für die Sauce Crème fraîche mit Milch verrühren, mit Salz, Pfeffer, Muskat und Basilikum abschmecken. Die Sauce über die Cannelloni gießen (sie müssen ganz mit der Sauce bedeckt sein).

4. Die Cannelloni mit Parmesan bestreuen, Butter in Flöckchen darauf setzen und die Form auf dem Rost in den Backofen schieben.

Ober/Unterhitze:
180–200 °C (vorgeheizt)
Heißluft:
160–180 °C (vorgeheizt)
Gas: etwa Stufe 3 (vorgeheizt)
Backzeit: etwa 30 Minuten.

Bunter Nudelauflauf (Foto – 2 Portionen)

Zutaten:

250 g Makkaroni
1 EL Speiseöl
2 Zwiebeln
1 Knoblauchzehe
1 grüne Paprikaschote
2 Möhren (200 g)
1 EL Butter
200 g Kochschinken
1 Becher (150 g)
Crème fraîche
2 Eier (Größe M)
Salz
frisch gemahlener Pfeffer
100 g geriebener
Emmentaler

1. Nudeln in kochendem Salzwasser mit Öl nach Packungsanleitung bissfest garen, auf ein Sieb abgießen und abtropfen lassen.

2. Zwiebeln und Knoblauchzehe abziehen und würfeln. Paprikaschote putzen, waschen, die weißen Scheidewände entfernen. Paprika waschen, in Streifen schneiden. Möhren putzen, schälen, waschen und in Scheiben schneiden.

3. Butter zerlassen und die vorbereiteten Zutaten etwa 6 Minuten darin dünsten.

4. Schinken in Streifen schneiden. Die Zutaten mit Crème fraîche und Eiern vermengen, mit Salz und Pfeffer würzen, in eine gefettete Auflaufform geben, mit geriebenem Käse bestreuen und auf dem Rost in den Backofen schieben.

Ober-/Unterhitze:
200–220 °C (vorgeheizt)
Heißluft:
180–200 °C (vorgeheizt)
Gas: etwa Stufe 4 (vorgeheizt)
Backzeit: etwa 30 Minuten.

Beigabe: Tomaten- oder Blattsalat.

Spaghetti Carbonara (2 Portionen)

Zutaten:

250 g Spaghetti
1 EL Speiseöl
150 g durchwachsener
Speck
1 EL Butter
2 Becher (je 150 g)
Crème fraîche
Salz
frisch gemahlener Pfeffer
geriebene Muskatnuss
Speisewürze
1 EL gehacktes Basilikum
geriebener Parmesan

1. Die Spaghetti in kochendem Salzwasser mit Öl nach Packungsanleitung bissfest garen, auf ein Sieb schütten und abtropfen lassen.

2. Den Speck in kleine Würfel schneiden, Butter erhitzen, die Speckwürfel darin anbraten.

Crème fraîche unterrühren, aufkochen lassen, mit Salz, Pfeffer, Muskat und Speisewürze abschmecken, die Spaghetti hinzufügen, unter Rühren erhitzen.

3. Das Basilikum unterheben und mit Parmesan bestreuen.

Würstchenauflauf

Zutaten:

500 g fest kochende Kartoffeln
400 g Wiener Würstchen
150 g TK-Erbsen
200 g Champignonscheiben (aus der Dose)
300 g Bratwurstmasse
3 Eier (Größe M)
125 ml (⅛ l) Milch
125 ml (⅛ l) Schlagsahne
Salz, Pfeffer
geriebene Muskatnuss
100 g geriebener Gouda
2 EL Semmelbrösel
2 EL Butter

1. Kartoffeln waschen, mit Wasser bedeckt zum Kochen bringen und in etwa 25 Minuten gar kochen. Kartoffeln abgießen, pellen und etwas abkühlen lassen. Kartoffeln und Würstchen in Scheiben schneiden und abwechselnd in eine gefettete, flache Auflaufform schichten.

2. Erbsen in kochendem Salzwasser etwa 3 Minuten kochen, auf ein Sieb geben. Champignons abtropfen lassen. Aus der Bratwurstmasse Klößchen formen und die 3 Zutaten auf dem Auflauf verteilen.

3. Eier mit Milch und Sahne verschlagen, mit Salz, Pfeffer und Muskat würzen, die Eiermilch über den Auflauf gießen. Den Auflauf mit Käse und Semmelbröseln bestreuen, Butterflöckchen darauf verteilen, die Form auf dem Rost in den Backofen schieben.

Ober-/Unterhitze: etwa 180 °C (vorgeheizt)
Heißluft: etwa 160 °C (nicht vorgeheizt)
Gas: Stufe 2–3 (nicht vorgeheizt)
Backzeit: 35–45 Minuten.

Nudeln & Aufläufe mit Gemüse

Italienischer Gemüseauflauf

Zutaten:

2 gelbe Paprikaschoten
2 rote Paprikaschoten
4 mittelgroße Zucchini
1 Knoblauchzehe
1 Bund Basilikum
200 g Mozzarella
50 g schwarze Oliven
Salz
frisch gemahlener Pfeffer
6 EL Sojaöl

1. Paprikaschoten halbieren, entstielen, entkernen, die weißen Scheidewände entfernen. Schoten waschen und auf einem Backblech in den Backofen schieben.

Ober-/Unterhitze: etwa 240 °C
Heißluft: etwa 220 °C
Gas: etwa Stufe 5
Die Paprikaschoten so lange rösten, bis die Haut Blasen wirft.

2. Mit einem feuchten Küchentuch kurz abdecken. Die Haut abziehen und die Paprikaschoten in grobe Streifen schneiden.

3. Zucchini putzen, die Enden abschneiden, Zucchini waschen und in Scheiben schneiden. Knoblauchzehe abziehen, fein würfeln. Basilikum abspülen, trockentupfen. Die Blättchen abzupfen und in Streifen schneiden. Mozzarella in Scheiben schneiden.

4. Eine Auflaufform leicht einfetten, Paprikastreifen, Mozzarella- und Zucchinischeiben sowie schwarze Oliven hineingeben. Alles mit Salz und Pfeffer würzen. Das Sojaöl mit Knoblauch und Basilikum verrühren und über dem Gemüse verteilen. Die Form auf dem Rost in den Backofen schieben.

Ober-/Unterhitze:
etwa 200 °C (vorgeheizt)
Heißluft:
etwa 180 °C (vorgeheizt)
Gas: Stufe 3–4 (vorgeheizt)
Backzeit: 25–30 Minuten.

Tipp

Dazu passt Stangenweißbrot und Chianti.

Gemüsespaghetti mit Käsesauce

Zutaten:

250 g Möhren
200 g Zucchini
300 g Blattspinat
150 g TK-Erbsen
400 g Spaghetti
Salz
1 EL Speiseöl
40 g Butter

Für die Käsesauce:
2 Zwiebeln
40 g Butter
500 ml (½ l) Schlagsahne
100 g geriebener Käse
geriebene Muskatnuss
Salz

1. Möhren putzen, schälen, waschen und in dünne Scheiben schneiden. Zucchini waschen und in Scheiben schneiden. Blattspinat verlesen, große Stängel entfernen. Spinat gründlich waschen. Erbsen auftauen lassen.

2. Spaghetti in kochendes Salzwasser geben. Öl hinzufügen und nach Packungsanleitung bissfest garen.

3. Etwa 3 Minuten vor Beendigung der Kochzeit die Möhren hinzufügen. Zucchini, Spinat und Erbsen etwa 1 Minute vor Beendigung der Kochzeit hinzugeben. Die garen Spaghetti mit dem Gemüse auf ein Sieb geben, gut abtropfen lassen, in eine vorgewärmte Schüssel geben, Butter hinzufügen, durchschwenken und warm stellen.

4. Für die Käsesauce Zwiebeln abziehen und fein würfeln. Butter erhitzen, die Zwiebelwürfel darin glasig dünsten lassen, Sahne hinzugießen und cremig einkochen lassen.

5. Käse in die Sahnesauce einrühren, schmelzen lassen, mit Muskat würzen, mit Salz abschmecken und sofort zu den Spaghetti servieren.

Veränderung: Das Gemüse kann variiert werden, z. B. durch Blumenkohl- und Broccoliröschen und Porree.

Rotkohl-Lasagne (4–6 Portionen)

Zutaten:

1 kleiner Rotkohl (etwa 1,5 kg)
2 Zwiebeln
120 g Bauchspeck, geräuchert
4 EL Maiskeimöl
1 Flasche (750 ml) trockener Rotwein
80 g Buchweizen
2 Äpfel
1 Glas (210 g) Wildpreiselbeeren
80 g Rosinen
Salz
frisch gemahlener Pfeffer
Nelken, gemahlen
etwas Zucker
300 g Lasagne-Nudelblätter
300 g Kochschinken, in Scheiben
120 g Gouda, geraspelt
50 g Sonnenblumenkerne

1. Von dem Rotkohl die groben, äußeren Blätter ablösen. Den Kohl vierteln, Strunk herausschneiden, Kohl waschen und in feine Streifen schneiden. Zwiebeln abziehen, in Würfel schneiden, den Bauchspeck ebenfalls würfeln.

2. In einem großen Topf das Öl erhitzen. Zuerst den Speck darin anrösten, danach die Zwiebeln andünsten, mit 500 ml (½ l) Rotwein ablöschen. Rotkohl und Buchweizen dazugeben, alles aufkochen lassen und abgedeckt 15 Minuten köcheln lassen.

3. Äpfel schälen, vierteln, entkernen und in Scheiben schneiden, zusammen mit den Preiselbeeren und Rosinen unter den Rotkohl mischen und alles kräftig mit Salz, Pfeffer, Nelken und Zucker würzen.

4. In eine große Auflaufform (etwa 30 x 20 cm) zuerst eine Schicht Rotkohl füllen und diese mit Nudelblättern belegen. Dann wieder eine Schicht Rotkohl, darauf die restlichen Nudeln legen. Diese mit dem Kochschinken belegen. Als letzte Schicht den restlichen Rotkohl darauf verteilen.

5. Die Lasagne mit Gouda und Sonnenblumenkernen bestreuen und mit dem restlichen Rotwein beträufeln. Die Form auf dem Rost in die unterste Schiene des Backofens schieben.

Ober-/Unterhitze:
etwa 200 °C (vorgeheizt)
Heißluft:
etwa 180 °C (vorgeheizt)
Gas: Stufe 3–4 (vorgeheizt)
Backzeit: etwa 30 Minuten.

Veränderung: Für eine vegetarische Rotkohl-Lasagne entfallen der Bauchspeck und der Kochschinken und werden durch einen würzigen Schnittkäse, z. B. Raclette-Käse, Höhlenkäse oder Appenzeller ersetzt. Wer auf Rotwein verzichten möchte, kann herben Cidre dafür verwenden.

Penne mit Romanesco (Foto)

Zutaten:

600 g Romanesco
400 g Penne
1 EL Speiseöl
2 Zwiebeln
1 Knoblauchzehe
350 g Hähnchenbrust
6 EL Olivenöl
60 g abgezogene, ganze Mandeln
120 g getrocknete, in Öl eingelegte Tomaten
Salz
frisch gemahlener Pfeffer
80 g Pecorino (italienischer Hartkäse)

1. Romanesco putzen, in Röschen teilen und waschen. In kochendem Salzwasser 5 Minuten garen, abgießen und abtropfen lassen.

2. Penne in Salzwasser mit Öl nach Packungsanleitung kochen. Zwiebeln und Knoblauch abziehen und fein würfeln. Hähnchenbrust unter fließendem kalten Wasser abspülen, trockentupfen, in Streifen schneiden und in 3 Esslöffeln Öl scharf anbraten.

3. Die Mandeln ebenfalls in die Pfanne geben und anrösten. Zwiebeln und Knoblauch dazugeben und kurz andünsten. Abgetropfte Tomaten in feine Streifen schneiden, mit dem Romanesco in der Pfanne erwärmen. Mit Salz und Pfeffer würzen.

4. Die Penne in einem Durchschlag abgießen und zurück in den Topf geben. Den Inhalt der Pfanne mit den Nudeln und restlichem Öl vermischen und sofort servieren. Gehobelten Pecorino dazureichen.

Tortelloni mit Gemüse in Gorgonzolasauce (3 Portionen)

Zutaten:

500 g TK-Tortelloni
1 EL Speiseöl
1 Bund Frühlingszwiebeln
40 g Butter
150 ml Schlagsahne
100 g Gorgonzola
250 g Zuckerschoten
12 Cocktailtomaten
Salz
frisch gemahlener Pfeffer
6 Salbeiblätter
8 Walnusskernhälften

1. Die Tortelloni in kochendem Salzwasser mit Öl nach Packungsanleitung bissfest garen, auf ein Sieb abgießen, abtropfen lassen und warm stellen.

2. Die Frühlingszwiebeln putzen, waschen, in 1 cm große Stücke schneiden. Die Butter zerlassen, die Frühlingszwiebelstücke darin andünsten, mit Schlagsahne auffüllen.

3. Den Gorgonzola zerbröckeln, in die Sahne geben, langsam unter Rühren schmelzen lassen. Von den Zuckerschoten die Enden abschneiden, waschen, in die Sauce geben, etwa 1 Minute mitgaren.

4. Die Cocktailtomaten abspülen, dazugeben, erhitzen, die Sauce mit Salz und Pfeffer würzen. Die Salbeiblätter abspülen, trockentupfen, fein schneiden, zu dem Gemüse geben. Die Tortelloni kurz zu dem Gemüse geben und vorsichtig vermengen.

5. Die Walnusskernhälften fein hacken, die Tortelloni damit bestreut servieren.

Beigabe: Tomatensalat.

Tomaten-Broccoli-Auflauf (2 Portionen)

Zutaten:

400 g Broccoliröschen
250 ml (¼ l) Gemüsebrühe
250 g gekochte,
grüne Bandnudeln
(etwa 100 g Rohware)
150 g gekochter Schinken
4 enthäutete Tomaten
Salz
frisch gemahlener Pfeffer
250 ml (¼ l) Schlagsahne
2 Eier (Größe M)
geriebene Muskatnuss
75 g geriebener
Emmentaler

1. Broccoliröschen waschen, in der kochenden Gemüsebrühe 5–8 Minuten garen, auf ein Sieb geben, mit den Bandnudeln mischen.

2. Schinken in Streifen schneiden, unterheben, alles in eine flache, gefettete Auflaufform geben.

3. Die Stängelansätze der Tomaten herausschneiden, Tomaten in Viertel schneiden und darüber verteilen. Mit Salz und Pfeffer bestreuen.

4. Sahne mit Eiern verschlagen, mit Salz, Pfeffer und Muskat würzen, Käse unterheben. Die Masse über die Auflaufzutaten geben. Die Form auf dem Rost in den Backofen schieben.

Ober-/Unterhitze: etwa 200 °C (vorgeheizt)
Heißluft: etwa 180 °C (vorgeheizt)
Gas: Stufe 3–4 (vorgeheizt)
Backzeit: etwa 30 Minuten.

Spaghetti-Pizza

Zutaten:

300 g Spaghetti
Salz
1 EL Speiseöl
1 rote Paprikaschote
40 g Butter
15 g Weizenmehl
250 ml (¼ l) Schlagsahne
250 ml (¼ l) Milch
1 Ecke (62,5 g) Schmelzkäse
2 Eier (Größe M)
200 g gekochter Schinken
frisch gemahlener Pfeffer
Paprikapulver edelsüß
5 mittelgroße Tomaten
gerebelter Oregano
80 g geraspelter Gratinkäse
einige Basilikumblättchen

1. Spaghetti einmal durchbrechen, in reichlich kochendem Salzwasser mit Öl nach Packungsanleitung bissfest kochen. Die garen Spaghetti auf ein Sieb geben, mit kaltem Wasser übergießen, gut abtropfen lassen.

2. Paprikaschote halbieren, entstielen, entkernen, die weißen Scheidewände entfernen, die Schote waschen und in Streifen schneiden.

3. Butter in einem Topf zerlassen, Mehl unter Rühren hinzufügen, Sahne und Milch hinzufügen und unter Rühren mit dem Schneebesen zum Kochen bringen. Paprikastreifen hinzufügen und alles etwa 5 Minuten kochen lassen.

4. Schmelzkäse unterrühren. Die abgetropften Spaghetti unterheben und Eier unterrühren.

5. Schinken in Streifen schneiden und unterheben. Die Masse mit Salz, Pfeffer und Paprika abschmecken und in eine Gratin- oder Pieform (ø 30 cm) geben.

6. Tomaten waschen, Stängelansätze herausschneiden, Tomaten in Scheiben schneiden, darauf verteilen und mit Salz, Pfeffer und Oregano würzen. Den Käse darauf streuen. Die Form auf dem Rost in den Backofen schieben.

Ober-/Unterhitze:
etwa 200 °C (vorgeheizt)
Heißluft:
etwa 180 °C (vorgeheizt)
Gas: Stufe 3–4 (vorgeheizt)
Backzeit: 15–20 Minuten.

7. Die gare Spaghetti-Pizza mit Basilikumblättchen garnieren.

Tipp

Die Spaghetti-Pizza kann gut vorbereitet und zugedeckt im Kühlschrank aufbewahrt werden. Die Pizza erst kurz vor dem Verzehr in den Backofen schieben. Die Backzeit verlängert sich dann um 5 Minuten.

Zucchiniauflauf mit süß-saurer Sauce

Zutaten:

500 g Zucchini
2 EL Speiseöl
Salz
frisch gemahlener Pfeffer
2 Knoblauchzehen
1 EL Weißweinessig
125 ml (⅛ l) Weißwein
250 g Tomaten
125 ml (⅛ l) Schlagsahne
½ TL gemahlener Ingwer
100 g geriebener Gouda
1 Zwiebel
400 g Gehacktes
(halb Rind-, halb
Schweinefleisch)
1 Ei (Größe M)
20 g Butterflöckchen

1. Zucchini putzen, waschen, die Enden abschneiden, in Scheiben schneiden. Öl erhitzen, die Zucchinischeiben kurz darin anbraten, mit Salz und Pfeffer würzen.

2. Knoblauch abziehen und durch eine Knoblauchpresse über das Gemüse geben.

3. Mit Essig und Wein ablöschen und aufkochen lassen, die Zucchinischeiben herausnehmen und den Sud auffangen.

4. Tomaten kurz in kochendes Wasser legen (nicht kochen lassen), in kaltem Wasser abschrecken, enthäuten, die Stängelansätze herausschneiden und das Fruchtfleisch grob würfeln.

5. Sahne und Ingwer verrühren, mit den Tomatenwürfeln zum Zucchinisud geben und etwas einkochen lassen, die Sauce etwas abkühlen lassen, dann Gouda unterrühren.

6. Zwiebel abziehen, fein würfeln und mit Gehacktem und Ei zu einem Fleischteig verkneten, salzen und pfeffern.

7. Eine Auflaufform ausfetten, Zucchinischeiben und Fleischteig mit etwas Sauce abwechselnd hineinschichten, die oberste Schicht sollte aus Zucchini bestehen, die restliche Tomaten-Käse-Sauce darüber gießen, den Auflauf mit Butterflöckchen besetzen, die Form auf dem Rost in den Backofen schieben.

Ober-/Unterhitze:
etwa 180 °C (vorgeheizt)
Heißluft:
etwa 160 °C (vorgeheizt)
Gas: Stufe 2–3 (vorgeheizt)
Backzeit: etwa 30 Minuten.

Tipp

Als Beilage ofenwarmes Baguette oder Fladenbrot reichen. Die Zucchini sollten möglichst klein sein, da sie zarter sind und weniger Kerne enthalten. Die Zucchini werden nicht geschält.

Grünkerntagliatelle mit Rauke

Zutaten:

150 g Grünkernkörner
230 g Weizenmehl
2 Eier (Größe M)
2 EL Haselnussöl
4 EL Wasser
2 TL Salz

3 Bund Rauke (etwa 300 g)
3 EL Haselnussöl
40 g Butter
Salz
geriebene Muskatnuss
60 g gehobelter Parmesan

1. Grünkern fein mahlen, mit Weizenmehl, Eiern, Haselnussöl, Wasser und Salz in eine Schüssel geben. Mit Handrührgerät mit Knethaken etwa 2 Minuten verkneten. Teig aus der Schüssel nehmen, auf der bemehlten Arbeitsfläche mit den Händen zu einem glatten Teig verkneten. Den Teig in Frischhaltefolie wickeln. 30 Minuten ruhen lassen. Anschließend den Teig auf einer bemehlten Arbeitsfläche dünn ausrollen. Mit dem Messer in ½ cm breite Streifen schneiden.

2. Die Tagliatelle in reichlich kochendem Salzwasser 3–5 Minuten garen, abgießen.

3. Inzwischen Rauke waschen, abtropfen lassen, fein schneiden. In einem Topf Haselnussöl und Butter erhitzen, Rauke kurz darin andünsten. Die abgetropften Tagliatelle mit der Rauke mischen, mit Salz und Muskat würzen, mit Parmesan bestreut servieren.

Veränderung: 1 Bund Rauke durch 250 g Kirschtomaten ersetzen. Die Kirschtomaten mit der Rauke andünsten, 1 Knoblauchzehe abziehen und darüber pressen. Die abgetropften Tagliatelle unterheben und mit Salz, Pfeffer und Muskat abschmecken. Mit gehobeltem Parmesan oder Pecorino (italienischer Hartkäse) bestreuen.

Tipp

Tagliatelle lassen sich sehr gut vorbereiten. Zum Aufbewahren die Tagliatelle vollständig trocknen lassen und luftdicht verpacken.

Überbackene Broccolinudeln (2 Portionen)

Zutaten:

250 g Spaghetti
Salz
1 EL Speiseöl
500 g Broccoli
125 ml (⅛ l) kochende Gemüsebrühe
200 g geriebener, mittelalter Gouda
geriebene Muskatnuss

1. Nudeln in kochendes Salzwasser geben, Öl hinzufügen, die Nudeln nach Packungsanleitung bissfest garen.

2. Die Nudeln auf ein Sieb geben und abtropfen lassen.

3. Broccoli putzen, waschen, in Röschen teilen, die Stiele schälen, in Stücke schneiden, in die kochende Brühe geben, zum Kochen bringen und 5–8 Minuten gar kochen lassen. Broccoli abgießen und mit den Nudeln mischen.

4. Gouda mit Muskatnuss würzen und ⅔ davon unter die Nudeln mischen.

5. Die Nudel-Broccoli-Mischung in eine gefettete Auflaufform füllen, restlichen Käse darüber streuen.

6. Die Form auf dem Rost in den Backofen schieben.

Ober-/Unterhitze: etwa 200 °C (vorgeheizt)
Heißluft: etwa 180 °C (vorgeheizt)
Gas: Stufe 3–4 (vorgeheizt)
Backzeit: 5–10 Minuten.

Nudeln & Aufläufe mit Gemüse

Pilzlasagne

Zutaten:

Für die Nudeln:
350 g Weizenmehl
3 Eier (Größe M)
1 EL Speiseöl
1 EL Wasser
2 TL Salz

Für die Pilzsauce:
60 g Butter
3 Knoblauchzehen
3 Zwiebeln
400 g braune Champignons
350 g Steinpilze
120 g Knollensellerie
300 ml Pilzfond
100 ml Schlagsahne
1 EL Zitronensaft
20 g weiche Butter
1 EL Weizenmehl
Salz
frisch gemahlener Pfeffer
3 Zweige Thymian
1 Zweig Rosmarin
1 Zweig Salbei

Für die Béchamelsauce:
300 ml Milch
1 Ei (Größe M)
1 EL Weizenmehl
geriebene Muskatnuss
gerebelter Thymian

100 g TK-Bohnen (aufgetaut)
150 g geriebener Edamer

1. Für die Nudeln Mehl in eine Schüssel sieben. Eier, Öl, Wasser und Salz hinzufügen. Die Zutaten mit Handrührgerät mit Knethaken verkneten, anschließend auf der Arbeitsfläche zu einem glatten Teig verkneten, 30 Minuten abgedeckt kühl stellen.

2. Für die Pilzsauce Butter zerlassen. Knoblauch und Zwiebeln abziehen, fein würfeln, darin andünsten. Champignons und Steinpilze putzen, mit Küchenpapier abreiben, evtl. abspülen und in Scheiben schneiden. Knollensellerie putzen, schälen, waschen, in feine Würfel schneiden, Pilze und Sellerie mitandünsten. Pilzfond, Sahne und Zitronensaft dazugeben, aufkochen lassen.

3. Butter mit Mehl verkneten, die Pilze damit binden, mit Salz, Pfeffer, Thymian, Rosmarinnadeln und Salbeiblättchen würzen.

4. Für die Béchamelsauce Milch mit Ei und Mehl verrühren, unter ständigem Rühren aufkochen. Mit Salz, Pfeffer, Muskat und Thymian abschmecken. Den Nudelteig mit der Nudelmaschine dünn zu großen Rechtecken ausrollen, diese in reichlich kochendem Salzwasser 2 Minuten garen, kalt abschrecken.

5. Bohnen in eine große, rechteckige Form geben, die Hälfte der Béchamelsauce darüber geben, mit einer Nudelplatte bedecken, einen Teil der Pilzsauce darüber geben, wieder mit einer Nudelplatte bedecken. Den Rest Pilzsauce darauf geben, mit Nudeln abdecken. Die restliche Béchamelsauce obenauf geben. Mit Käse bestreuen und auf dem Rost in den Backofen schieben.

Ober-/Unterhitze:
etwa 200 °C (vorgeheizt)
Heißluft:
etwa 180 °C (nicht vorgeheizt)
Gas: Stufe 3–4 (nicht vorgeheizt)
Backzeit: etwa 45 Minuten.

Tipp

Lasagne-Nudeln aus der Packung verwenden (etwa 300 g). Unter die Pilzsauce 100 g gewürfelten rohen oder gekochten Schinken geben.

Champignonauflauf

Zutaten:

30 g Butter
300 g Staudensellerie
400 g Champignons
1 rote Paprikaschote
1 Bund Frühlingszwiebeln
Salz
frisch gemahlener Pfeffer
gerebelter Thymian
5 Eier (Größe M)
200 ml Schlagsahne
gemahlene Macis (Muskatblüte)
120 g geraspelter Pecorino
60 g Sonnenblumenkerne
Paprika edelsüß

1. Eine flache Auflaufform mit Butter einfetten. Staudensellerie putzen, waschen, harte Außenfäden abziehen, die Stangen in nicht zu dünne Scheiben schneiden. Die Champignons putzen, mit Küchenpapier abreiben, evtl. abspülen, gut abtropfen lassen und vierteln.

2. Die Paprika halbieren, entstielen, entkernen, die weißen Scheidewände entfernen und die Schoten waschen. Paprika in Würfel schneiden. Frühlingszwiebeln putzen, waschen, in 1 cm große Stücke schneiden.

3. Die Champignons mit dem Gemüse mischen, mit Salz, Pfeffer und Thymian würzen, alles in die Auflaufform geben. Die Eier mit Schlagsahne verrühren, mit Salz und Macis würzen, über dem Auflauf verteilen. Den Auflauf mit Pecorino, Sonnenblumenkernen und Paprika bestreuen, auf dem Rost in den Backofen schieben.

Ober-/Unterhitze:
180–200 °C (vorgeheizt)
Heißluft:
160–180 °C (nicht vorgeheizt)
Gas:
etwa Stufe 3 (nicht vorgeheizt)
Backzeit: etwa 45 Minuten.

Tipp

Dazu kleine gebratene Schweinefilets und/oder Risotto reichen.
Veränderung:
300 g Hähnchen- oder Putenbrustfilet in Streifen schneiden, in 2 EL Speiseöl von allen Seiten anbraten, mit Salz, Pfeffer und Paprika würzen. Die Fleischstreifen unter das Gemüse mischen und wie unter Punkt 3 beschrieben weiter verarbeiten.

Würziger Pilzauflauf

Zutaten:

150 g Champignons
150 g Pfifferlinge
150 g Austernpilze
150 g Steinpilze
1 Bund Schnittlauch
2 EL Speiseöl
Salz
frisch gemahlener Pfeffer
5 Eier (Größe M)
2 Becher (400 ml) Schlagsahne
200 g geriebener, mittelalter Gouda

1. Pilze putzen, mit Küchenpapier abreiben, evtl. abspülen, abtropfen lassen, in grobe Stücke schneiden. Schnittlauch abspülen, trockentupfen und in Röllchen schneiden.

2. Öl erhitzen, Pilze darin andünsten, salzen und pfeffern. Die Pilze in eine gefettete Gratinform füllen.

3. Eier, Sahne und Schnittlauchröllchen miteinander verquirlen, über die Pilze geben und auf dem Rost im Backofen stocken lassen.

Ober-/Unterhitze:
180–200 °C (vorgeheizt)
Heißluft:
160–180 °C (nicht vorgeheizt)
Gas:
etwa Stufe 3 (nicht vorgeheizt)
Backzeit: etwa 40 Minuten.

4. Kurz vor Garende mit geriebenem Gouda bestreuen, bei Oberhitze oder unter dem Grill etwa 10 Minuten gratinieren.

Beigabe: Ofenwarmes Fladenbrot und gemischter Salat.

Veränderung: 750 g fest kochende Kartoffeln mit Wasser bedeckt in 20–25 Minuten gar kochen, abgießen und pellen. Die etwas abgekühlten Kartoffeln in Scheiben schneiden, mit Salz, Pfeffer und Muskat oder Currypulver würzen, in eine gefettete Auflaufform geben, die Pilze und die Eiersahne darüber geben.

Beigabe: Tomatensauce. Dafür 1 Zwiebel und eine Knoblauchzehe abziehen, würfeln und in 1–2 EL Olivenöl andünsten. 500 g passierte Tomaten, 1–2 EL Tomatenmark, 2 TL gerebelter Oregano und 1 Lorbeerblatt zugeben, mit Salz, Pfeffer und Zucker würzen. Die Sauce 15 Minuten schwach kochen lassen.

Vollkornlasagne mit Pinienkernen (6–8 Portionen)

Zutaten:

Für den Nudelteig:
500 g Weizen-
vollkornmehl
1 TL Salz
6 Eier (Größe M)
2 ½ EL Olivenöl
Weizenvollkornmehl

Für die Füllung:
1 kg Tomaten
400 g Möhren
400 g Knollensellerie
1 kg Porree (Lauch)

Für die Béchamelsauce:
3 Bund Basilikum
100 g Butter
100 g Weizen-
vollkornmehl
1 l Milch
Salz
frisch gemahlener Pfeffer
geriebene Muskatnuss
250 ml (¼ l) Schlagsahne
300 g geriebener,
mittelalter Gouda
60 g Pinienkerne
1 Prise Zucker
Cayennepfeffer

1. Für den Nudelteig Mehl in eine Schüssel geben und mit einem Schneebesen auflockern. In die Mitte eine Vertiefung eindrücken, Salz, Eier und 2 Esslöffel Öl in die Vertiefung geben und mit einem Teil des Mehls zu einem dicken Brei verarbeiten.

2. Von der Mitte aus alle Zutaten mit Handrührgerät mit Knethaken schnell zu einem glatten Teig verkneten, eine Kugel formen, mit dem restlichen Öl bestreichen und zugedeckt bei Zimmertemperatur 1 Stunde ruhen lassen.

3. Teig kurz durchkneten und auf einer mit Mehl bestreuten Arbeitsfläche zu einem Rechteck (48 x 60 cm) ausrollen. Das Rechteck längs in 4 Streifen teilen und die Streifen quer teilen, so dass 16 Lasagnenudeln von 12 x 15 cm entstehen.

4. Jeweils 4 Nudeln in reichlich kochendes Salzwasser geben, zum Kochen bringen und etwa 3 Minuten kochen lassen. Nebeneinander auf Küchentüchern abtropfen lassen.

5. Für die Füllung Tomaten kurze Zeit in kochendes Wasser legen (nicht kochen lassen), in kaltem Wasser abschrecken, enthäuten, halbieren und Stängelansätze herausschneiden.

6. Möhren und Sellerie putzen, schälen, waschen und in 4 cm lange, nicht zu dünne Stifte schneiden. In kochendes Salzwasser geben, zum Kochen bringen, etwa 2 Minuten kochen lassen. Herausnehmen, mit kaltem Wasser abschrecken und gut abtropfen lassen.

7. Porree putzen, waschen, in etwa 4 cm lange Streifen schneiden und evtl. nochmals waschen. In kochendes Salzwasser geben, zum Kochen bringen, etwa 1 Minute kochen lassen, herausnehmen, mit kaltem Wasser abschrecken und gut abtropfen lassen.

8. Für die Béchamelsauce Basilikum vorsichtig abspülen, trockentupfen, die Blättchen von den Stielen zupfen und in grobe Streifen schneiden.

9. Butter zerlassen und Mehl unter Rühren darin erhitzen. Milch nach und nach hinzugießen, mit einem Schneebesen durchschlagen und darauf achten, dass keine Klümpchen entstehen. Die Sauce zum Kochen bringen, mit Salz, Pfeffer und Muskat kräftig abschmecken und etwa 5 Minuten kochen lassen. Basilikumstreifen und Sahne unterrühren.

10. Eine gefettete, feuerfeste Form mit 4 Nudeln auslegen und die Hälfte des Porrees darauf verteilen. ⅓ der Béchamelsauce darüber gießen, mit ¼ von dem Gouda bestreuen. Mit 4 Nudeln abdecken.

11. Möhren- und Selleriestifte, die Hälfte der Pinienkerne, ¼ des Käses und ⅓ der Sauce darüber verteilen und mit 4 Nudeln abdecken.

12. Den restlichen Porree, die restliche Sauce und ¼ des Käses darüber geben und mit 4 Nudeln abdecken.

13. Tomaten mit der Schnittfläche nach unten auf die Nudeln setzen und mit Salz, Zucker und Cayennepfeffer würzen. Den restlichen Käse und die restlichen Pinienkerne darüber streuen. Die Form auf dem Rost in den Backofen schieben.

Ober-/Unterhitze:
etwa 180 °C (vorgeheizt)
Heißluft:
etwa 160 °C (nicht vorgeheizt)
Gas: Stufe 2–3 (nicht vorgeheizt)
Backzeit: etwa 60 Minuten.

14. Nach dem Backen die Lasagne etwa 5 Minuten ruhen lassen.

Gebratene Nudeln mit Broccoli

Zutaten:

400 g Penne (Röhrennudeln)
1 EL Speiseöl
500 g Broccoli
2 Frühlingszwiebeln
2 EL Olivenöl
100 g Oliven, mit Paprika gefüllt
1 EL Kräuter der Provence
Salz, Pfeffer
1 abgezogene, zerdrückte Knoblauchzehe
50 g Pinienkerne
2–3 EL Semmelbrösel
60 g Butter

1. Die Nudeln in kochendem Salzwasser mit Öl nach Packungsanleitung bissfest garen, auf ein Sieb schütten und abtropfen lassen.

2. Broccoli putzen, in Röschen teilen, die Stiele schälen, in Stücke schneiden, waschen und in Salzwasser 6–8 Minuten kochen, abgießen. Frühlingszwiebeln putzen, waschen, in Ringe schneiden.

3. Öl in einem großen Topf erhitzen, Nudeln, Broccoli, Zwiebelringe und Oliven unter häufigem Schwenken 3–4 Minuten anbraten.

4. Mit Kräutern der Provence, Salz, Pfeffer und Knoblauch würzen, Pinienkerne dazugeben, mit Semmelbröseln bestreuen, mit Butterflöckchen belegen und im Backofen bräunen lassen.

Ober-/Unterhitze: etwa 240 °C (vorgeheizt)
Heißluft: etwa 220 °C (vorgeheizt)
Gas: etwa Stufe 6 (vorgeheizt)
Garzeit: etwa 10 Minuten.

Tomaten-Nudel-Auflauf (3 Portionen)

Zutaten:

200 g Nudeln,
z. B. Gabelspaghetti
1 EL Speiseöl
750 g Tomaten
150 g roher Schinken
3 Eier (Größe M)
125 ml (⅛ l) Milch
2 EL gehackte Petersilie
2 EL Schnittlauchröllchen
Salz
frisch gemahlener Pfeffer
geriebene Muskatnuss
2 EL geriebener Parmesan
2 EL Semmelbrösel

1. Nudeln in reichlich Salzwasser mit Öl nach Packungsanleitung bissfest garen, auf ein Sieb schütten, mit kaltem Wasser übergießen und abtropfen lassen.

2. Tomaten kurze Zeit in kochendes Wasser legen (nicht kochen lassen), in kaltem Wasser abschrecken, enthäuten, Stängelansätze entfernen und Tomaten in Scheiben schneiden.

3. Schinken in Würfel schneiden. Tomatenscheiben, Schinkenwürfel und Nudeln in eine gefettete Auflaufform schichten.

4. Eier mit Milch verschlagen, Petersilie und Schnittlauch unterrühren und mit Salz, Pfeffer und Muskat würzen. Eiermilch über die Nudeln gießen.

5. Parmesan mit Semmelbröseln mischen und darüber streuen. Die Form auf dem Rost in den Backofen schieben. Auflauf gegen Ende der Backzeit evtl. mit Alufolie abdecken.

Ober-/Unterhitze:
etwa 200 °C (vorgeheizt)
Heißluft:
etwa 180 °C (nicht vorgeheizt)
Gas: Stufe 3–4 (nicht vorgeheizt)
Garzeit: etwa 35 Minuten.

Veränderung: Der rohe Schinken kann durch gekochten Schinken, Putenbrustaufschnitt, Fleischwurst oder Salami ersetzt werden.

Tipp

Die Eier-Milch kann zur Abwechslung auch mit 2 EL fein geschnittenem Basilikum, je 1 EL gehackte Thymianblättchen und Rosmarinnadeln gewürzt werden.

Tomaten-Hirse-Auflauf

Zutaten:

1 Zwiebel
20 g Butter oder Margarine
200 g Hirse
500 ml (½ l) Gemüse-Hefebrühe
700 g Tomaten
15 grüne, entsteinte Oliven
Meersalz
frisch gemahlener Pfeffer
150 ml Schlagsahne
150 g Joghurt
1 abgezogene, zerdrückte Knoblauchzehe
geriebene Muskatnuss
Basilikum

1. Zwiebel abziehen, fein würfeln. Butter erhitzen, Zwiebel darin andünsten. Hirse unter fließendem kalten Wasser abspülen, gut abtropfen lassen und hinzufügen.

2. Brühe aufkochen, hinzugießen, nochmals aufkochen lassen, etwa 20 Minuten garen.

3. Tomaten an der Oberseite leicht einritzen, kurze Zeit in kochendes Wasser legen (nicht kochen lassen), in kaltem Wasser abschrecken, Stängelansätze herausschneiden, Tomaten enthäuten und in Scheiben schneiden.

4. Die Hälfte der Hirse in eine gefettete Auflaufform geben, ¾ der Tomatenscheiben darauf verteilen, mit Salz und Pfeffer bestreuen, wieder mit Hirse bedecken, mit den restlichen Tomatenscheiben und Oliven belegen.

5. Sahne mit Joghurt, Knoblauch, Muskat, Salz, Pfeffer und Basilikum abschmecken, über dem Hirseauflauf verteilen. Die Form auf dem Rost in den Backofen schieben.

Ober-/Unterhitze:
etwa 200 °C (vorgeheizt)
Heißluft:
etwa 180 °C (vorgeheizt)
Gas: Stufe 3–4 (vorgeheizt)
Backzeit: 25–30 Minuten.

Veränderung: Der Auflauf kann auch mit Zucchini oder Möhren zubereitet werden. Dafür 700 g Zucchini oder Möhren putzen, Möhren schälen, waschen, in dünne Scheiben schneiden und in 2–3 EL Olivenöl dünsten (Zucchini 2–3 Minuten und Möhren etwa 5 Minuten).

Tipp

Die Joghurt-Sahne kann auch mit Paprika edelsüß, Salz und gerebeltem Oregano abgeschmeckt werden. Pikante Schärfe erreicht man durch die Zugabe von 1 Msp. Cayennepfeffer oder Chilipulver.

Aufläufe mit Kartoffeln

Auberginenauflauf auf Kartoffeln

Zutaten:

500–600 g mehlig fest kochende Kartoffeln
2 mittelgroße Auberginen
5–6 EL Speiseöl
3 Fleischtomaten
Salz
frisch gemahlener Pfeffer
150 g (1 Becher) Crème fraîche
250 ml (¼ l) Schlagsahne
100 g geriebener Emmentaler
Kräuter der Provence

1. Kartoffeln waschen, mit Wasser bedeckt zum Kochen bringen, in etwa 20–25 Minuten gar kochen, abgießen und etwas abgekühlt in Scheiben schneiden.

2. Auberginen waschen, die Stängelansätze abschneiden, die Auberginen in Scheiben schneiden und in erhitztem Öl leicht anbraten, auf Küchenpapier abtropfen lassen.

3. Tomaten waschen, die Stängelansätze herausschneiden und die Tomaten in Scheiben schneiden.

4. Eine große Gratinform ausfetten und nacheinander Kartoffel-, Tomaten- und Auberginenscheiben einschichten, dabei die einzelnen Schichten salzen und pfeffern.

5. Crème fraîche, Sahne und geriebenen Emmentaler verrühren, mit Salz, Pfeffer und Kräutern der Provence würzen, über dem Gemüse verteilen und auf dem Rost in den Backofen schieben.

Ober-/Unterhitze:
etwa 180 °C (vorgeheizt)
Heißluft:
etwa 160 °C (vorgeheizt)
Gas: Stufe 2–3 (vorgeheizt)
Backzeit: etwa 30 Minuten.

Kartoffel-Zucchini-Gratin
(2 Portionen)

Zutaten:

500 g mehlig fest kochende Kartoffeln
400 g Zucchini
2 Knoblauchzehen
250 ml (¼ l) Schlagsahne
Salz
frisch gemahlener Pfeffer
geriebene Muskatnuss
50 g geriebener Emmentaler
Butter in Flöckchen

1. Kartoffeln waschen, mit Wasser bedeckt zum Kochen bringen, in etwa 25 Minuten gar kochen, abgießen. Kartoffeln pellen und in Scheiben schneiden. Zucchini waschen, die Enden abschneiden, die Zucchini in Scheiben schneiden. Kartoffel- und Zucchinischeiben schuppenartig in eine gefettete, flache Auflaufform schichten.

2. Knoblauchzehen abziehen, durch die Knoblauchpresse geben, mit Sahne verrühren, mit Salz, Pfeffer und Muskat würzen.

3. Die Knoblauchsahne über das Gemüse gießen, geriebenen Käse darüber streuen. Die Butter in Flöckchen darauf setzen, die Form auf dem Rost in den Backofen schieben.

Ober-/Unterhitze: etwa 220 °C (vorgeheizt)
Heißluft: etwa 200 °C (vorgeheizt)
Gas: Stufe 4–5 (vorgeheizt)
Backzeit: 20–25 Minuten.

Tipp

Die Knoblauchsahne zusätzlich mit 1 Esslöffel gehackten Estragonblättchen würzen.

Aufläufe mit Kartoffeln

Kartoffelauflauf (Foto)

Zutaten:

1–1¼ kg mehlig kochende Kartoffeln
1–2 Bund Frühlingszwiebeln
150 g Bacon (Frühstücksspeck)
Salz
frisch gemahlener Pfeffer
150–200 ml Gemüsebrühe
40 g Semmelbrösel
50 g Butter

1. Kartoffeln waschen, schälen, abspülen und in Scheiben schneiden. Kartoffelscheiben 2–3 Minuten in kochendem Salzwasser blanchieren. Frühlingszwiebeln putzen, waschen und in feine Scheiben schneiden.

2. Eine gewässerte Farmhaus-Kastenform mit dem Bacon auslegen. Die Kartoffel- und Frühlingszwiebelscheiben abwechselnd in die Form einschichten, dabei jede Schicht mit Salz und Pfeffer bestreuen. Die letzte Schicht sollte aus Kartoffeln bestehen.

3. Die Gemüsebrühe darüber geben, mit Semmelbröseln bestreuen und die Butter in Flöckchen darauf setzen. Die Kastenform auf dem Rost in den kalten Backofen schieben.

Ober-/Unterhitze: etwa 200 °C
Heißluft: etwa 180 °C
Gas: Stufe 3–4
Garzeit: etwa 45 Minuten.

Beigabe: Salatplatte.

Kartoffelgratin

Zutaten:

1 kg fest kochende Kartoffeln
1 Knoblauchzehe
200 g Edamer
Salz
frisch gemahlener Pfeffer
250 ml (¼ l) Milch
250 ml (¼ l) Schlagsahne
3 Eier (Größe M)
geriebene Muskatnuss
3 EL gehackte Kräuter, z. B. Dill, Petersilie, Schnittlauch, Estragon, Majoran
1 EL Butter

1. Kartoffeln schälen, waschen und in feine Scheiben schneiden oder hobeln.

2. Knoblauch abziehen, eine flache, große Gratinform damit ausreiben und ausfetten. Edamer reiben, ¾ der Menge abwechselnd mit den Kartoffelscheiben in die Gratinform schichten, salzen und pfeffern.

3. Milch mit Sahne und Eiern verschlagen, mit Salz, Pfeffer und Muskat würzen. Kräuter unterrühren.

4. Die Eiermilch über die Kartoffel-Käse-Masse gießen.

Den restlichen Käse darüber streuen, Butter in Flöckchen darauf setzen. Die Gratinform auf dem Rost in den Backofen schieben.

Ober-/Unterhitze:
180–200 °C (vorgeheizt)
Heißluft:
160–180 °C (nicht vorgeheizt)
Gas:
etwa Stufe 3 (nicht vorgeheizt)
Backzeit: 45–60 Minuten.

Sollte das Gratin zu stark bräunen, es nach ⅔ der Backzeit mit Alufolie abdecken.

Tomaten-Kartoffel-Tortilla

Zutaten:

- 300 g fest kochende Kartoffeln
- 400 g Cocktailtomaten
- 2 EL Zwiebelwürfel
- 4 EL kleine Salamiwürfel
- 2 EL gehackte Basilikumblätter
- 200 ml Schlagsahne oder Milch
- 4 Eier (Größe M)
- 2 EL Tomatenketchup
- Salz
- grober, bunter Pfeffer
- 60 g geriebener Gouda

1. Kartoffeln waschen, schälen, abspülen und in Würfel schneiden. Kartoffelwürfel in kochendem Salzwasser etwa 5 Minuten blanchieren, auf ein Sieb geben und abtropfen lassen.

2. Tomaten abspülen, evtl. halbieren, Stängelansätze entfernen und Tomaten mit Kartoffel-, Zwiebel- und Salamiwürfeln sowie Basilikum mischen und in eine gefettete Auflaufform füllen.

3. Sahne mit Eiern und Ketchup verquirlen, salzen, pfeffern und über die Zutaten in die Auflaufform gießen, mit Käse bestreuen. Die Form auf dem Rost in den Backofen schieben.

Ober-/Unterhitze:
etwa 200 °C (vorgeheizt)
Heißluft:
etwa 180 °C (nicht vorgeheizt)
Gas:
Stufe 3–4 (nicht vorgeheizt)
Garzeit: etwa 40 Minuten.

Veränderung: Die Tortilla kann anstatt mit Cocktailtomaten mit Zucchini, Erbsen (3 Minuten blanchiert) oder Champignons zubereitet werden. Gut eignen sich auch gegarte Gemüsereste, Bratenreste, Schinken oder Fleischwurst.

Tipp

Die Kartoffel-Tortilla ist ein kleines Gericht oder Vorspeise für 4–6 Portionen. Zum Sattessen für 4 Portionen die Zutaten verdoppeln.

Gemüse-Kartoffel-Fächer

Zutaten:

1 Bund gemischte,
italienische Kräuter, z. B. Thymian,
Basilikum, Majoran, Rosmarin
3 Frühlingszwiebeln
600 g fest kochende Kartoffeln
400 g Zucchini
6 mittelgroße Tomaten
10 große braune Champignons
6 EL Olivenöl
Salz, Pfeffer
Knoblauchpulver

1. Kräuter abspülen, trockentupfen, die Blättchen von den Stängeln zupfen und grob hacken. Frühlingszwiebeln putzen, waschen, in Stücke schneiden.

2. Kartoffeln waschen, schälen und abspülen. Zucchini waschen, die Enden abschneiden. Tomaten waschen und die Stängelansätze herausschneiden. Champignons putzen, waschen und gut abtropfen lassen. Das Gemüse in etwa ½ cm dicke, die Kartoffeln in dünne Scheiben schneiden.

3. Eine große Auflaufform mit Olivenöl auspinseln, den Boden mit einem Teil der gehackten Kräuter und Zwiebeln bestreuen, darauf fächerförmig Kartoffel- und Gemüsescheiben anordnen.

4. Die restlichen gehackten Kräuter und Zwiebeln darauf streuen, mit Salz, Pfeffer und Knoblauchpulver würzen, mit dem restlichen Olivenöl beträufeln, backen.

Ober-/Unterhitze: 180–200 °C (vorgeheizt)
Heißluft: 160–180 °C (nicht vorgeheizt)
Gas: etwa Stufe 3 (nicht vorgeheizt)
Garzeit: 40–50 Minuten.

Kartoffelgratin mit Spinat (Foto)

Zutaten:

750 g fest kochende Kartoffeln
100 g Butter
Salz
frisch gemahlener Pfeffer
750 g Blattspinat
50 g durchwachsener Speck
1–2 Zwiebeln
geriebene Muskatnuss
125 ml (⅛ l) Fleischbrühe
75 g geriebener Käse, z. B. Emmentaler

1. Kartoffeln waschen, mit Wasser bedeckt zum Kochen bringen, in etwa 25 Minuten gar kochen, abgießen. Kartoffeln heiß pellen, etwas abkühlen lassen und in etwa ½ cm dicke Scheiben schneiden. 25 g Butter zerlassen, Kartoffelscheiben darin kurz durchschwenken, salzen und pfeffern.

2. Den Blattspinat verlesen, gründlich waschen und gut abtropfen lassen. Den Speck in kleine Würfel schneiden und mit 25 g Butter auslassen. Die Zwiebeln abziehen, fein würfeln, zu dem Speck geben und andünsten lassen. Spinat hinzufügen und zusammenfallen lassen, mit Salz, Pfeffer und Muskat würzen.

3. Abwechselnd Kartoffeln und Spinat in eine gefettete Gratinform schichten und die Brühe darüber gießen. Die restliche Butter zerlassen, den Auflauf damit beträufeln und mit Käse bestreuen. Die Form auf dem Rost in den Backofen schieben.

Ober-/Unterhitze:
200–220 °C (vorgeheizt)
Heißluft:
180–200 °C (vorgeheizt)
Gas: etwa Stufe 4 (vorgeheizt)
Backzeit: etwa 25 Minuten.

Kartoffelauflauf mit Kasseler

Zutaten:

600 g mittelgroße, mehlig fest kochende Kartoffeln
Salzwasser
300 g Broccoli
500 g Kasseler (ohne Knochen)
500 g Tomaten
4 Eier (Größe M)
200 ml Milch
Salz
frisch gemahlener Pfeffer
geriebene Muskatnuss
75 g geriebener Gouda
1–2 EL fein geschnittener Schnittlauch

1. Kartoffeln waschen, schälen, abspülen, fächerartig in 2 mm Abstand einschneiden, 8–10 Minuten in Salzwasser kochen, herausnehmen, an den Rand einer Auflaufform setzen.

2. Broccoli putzen, waschen, in Röschen teilen, den Stiel schälen, vierteln, die Stielstücke etwa 3 Minuten, die Röschen etwa 2 Minuten in dem Kartoffelkochwasser blanchieren, herausnehmen.

3. Kasseler abspülen, trockentupfen, würfeln, Tomaten waschen. Broccoli, Kasseler und Tomaten in die Auflaufform geben.

4. Eier mit Milch verquirlen, mit Salz, Pfeffer, Muskat würzen, über die Zutaten gießen. Mit dem Käse bestreuen, auf dem Rost in den Backofen schieben.

Ober-/Unterhitze:
etwa 200 °C (vorgeheizt)
Heißluft:
etwa 180 °C (nicht vorgeheizt)
Gas: Stufe 3–4 (nicht vorgeheizt)
Backzeit: etwa 45 Minuten.
Den Auflauf mit Schnittlauch bestreut servieren.

Kartoffel-Käse-Auflauf

Zutaten:

8 große Kartoffeln
(1–1 ¼ kg)
½ große Salatgurke
3 Fleischtomaten
1 Gemüsezwiebel
50 g Butter
Salz
frisch gemahlener Pfeffer
gehackter Majoran
gehackte Petersilie
320 g Tilsiter Käse

1. Die Kartoffeln waschen, schälen, abspülen, in Würfel schneiden, in Salzwasser 5–7 Minuten kochen, auf ein Sieb zum Abtropfen geben. Die Gurke waschen, halbieren, mit einem Löffel entkernen, in große Würfel schneiden. Die Tomaten waschen, die Stängelansätze entfernen. Die Tomaten halbieren, entkernen, in große Würfel schneiden. Die Zwiebel abziehen und würfeln.

2. Die Butter in einer flachen, feuerfesten Auflaufform zerlassen, Zwiebelwürfel zufügen, Kartoffel-, dann Gurken- und Tomatenwürfel hinzufügen.

3. Das Gemüse mit Salz, Pfeffer und Majoran würzen, die Petersilie unterrühren.

4. Den Käse reiben, darüber streuen. Die Form auf dem Rost in den Backofen schieben und goldbraun überbacken.

Ober-/Unterhitze:
etwa 200 °C (vorgeheizt)
Heißluft:
etwa 180 °C (vorgeheizt)
Gas: Stufe 3–4 (vorgeheizt)
Backzeit: etwa 30 Minuten.

Veränderung: Anstatt der Salatgurke kann auch Zucchini verwendet werden. Für eine nicht-vegetarische Variante 200 g Fleischwurst, gekochten Schinken oder Fleischkäse würfeln und mit den Kartoffel- und Gemüsewürfeln hinzufügen. Die Käsemenge kann dann auf 200–250 g reduziert werden.

Tipp

Der Auflauf kann durch Gewürze geschmacklich eine andere Note bekommen: Für eine mediterrane Variante 1 EL gehackte Rosmarinnadeln und 1 EL gehackte Thymian- und Oreganoblättchen verwenden. Der Auflauf kann auch fernöstlich mit Currypulver und Korianderblättchen (1 EL) gewürzt werden.

Kartoffel-Pizza (Foto)

Zutaten:

1 kg Kartoffeln
150 g durchwachsener Speck
evtl. 1–2 EL Speiseöl
500 g Tomaten
¼ TL gerebelter Oregano
1 EL gehackte Petersilie
Knoblauchsalz
frisch gemahlener Pfeffer
200 g geriebener Käse, z. B. Gouda oder Emmentaler

1. Kartoffeln schälen, waschen, in dünne Scheiben schneiden oder hobeln und zum Trocknen eine Zeit lang auf Haushaltspapier legen.

2. Speck in kleine Würfel schneiden und evtl. mit Öl in einer großen Pfanne auslassen. Kartoffelscheiben hinzugeben und etwa 5 Minuten unter öfterem Wenden braten lassen.

3. Tomaten waschen, abtrocknen, in Scheiben schneiden und mit den Kartoffelscheiben vermengen. Beide Zutaten gleichmäßig auf einem gefetteten Backblech verteilen und mit Oregano, Petersilie, Knoblauchsalz und Pfeffer bestreuen.

4. Pizza gleichmäßig mit Käse bestreuen.

Ober-/Unterhitze:
200–220 °C (vorgeheizt)
Heißluft:
180–200 °C (vorgeheizt)
Gas: etwa Stufe 4 (vorgeheizt)
Backzeit: etwa 25 Minuten.

Kartoffel-Kohlrabi-Gratin

Zutaten:

500–750 g mehlig kochende Kartoffeln
3–4 kleine Kohlrabi
3–4 abgezogene Zwiebeln
150 g Salami in Scheiben
200 g geriebener Emmentaler
Salz
frisch gemahlener Pfeffer
250 ml (¼ l) Milch
125 ml (⅛ l) Schlagsahne
3 Eier (Größe M)
Paprika edelsüß
2–3 EL Semmelbrösel
1–2 EL Butter

1. Die Kartoffeln waschen, schälen, abspülen. Die Kohlrabi putzen, schälen, waschen. Die Kartoffeln, Kohlrabi und Zwiebeln in dünne Scheiben schneiden oder hobeln.

2. Eine flache Auflaufform ausfetten, die Zutaten abwechselnd mit den Salamischeiben einschichten. Die untere und die obere Schicht sollte aus Kartoffelscheiben bestehen. Kohlrabi- und Kartoffelschichten jeweils mit etwas Käse bestreuen, mit Salz und Pfeffer würzen.

3. Die Milch mit Sahne und Eiern verschlagen, mit Salz und Paprika würzen, anschließend über den Auflauf gießen. Den restlichen Käse mit 2–3 Esslöffeln Semmelbrösel vermengen, über den Auflauf streuen. Die Butter zerlassen, darüber träufeln.

4. Die Form auf dem Rost in den Backofen schieben.

Ober-/Unterhitze:
etwa 200 °C (vorgeheizt)
Heißluft:
etwa 180 °C (nicht vorgeheizt)
Gas: Stufe 3–4 (nicht vorgeheizt)
Backzeit: 45–60 Minuten.

5. Den Auflauf nach der Hälfte der Backzeit mit Alufolie abdecken.

Kapitelregister

Nudeln & Aufläufe mit Fisch & Meeresfrüchten

Auflauf von grünen Nudeln mit
   Shrimps und Schinken 16
Fischauflauf Mittelmeer 18
Grüne Nudeln mit Fischsauce 15
Maritimer Spaghettiauflauf 8
Nudeln mit
   Lachs-Sahne-Sauce 6
Sardinische Fischmakkaroni 20
Spaghetti mit Meeresfrüchten ... 12
Spaghetti mit Thunfisch 12
Spaghetti Siziliana 10
Tagliatelle verdi mit Lachs 18

Nudeln & Aufläufe mit Fleisch

Badischer Nudeltraum 34
Bunter Nudelauflauf 42
Cannelloni Rosanella 40
Eliche mit Hähnchenbrust 36
Fettuccine mit Rindfleisch 28
Fleischkäse-Gemüse-Auflauf 24

Grüner Nudel-Fleisch-Topf.......... 32
Hackfleisch-Tomaten-Auflauf..... 38
Lasagne................................. 26
Nudelauflauf mit Lammfleisch ... 22
Penne nach Siena Art................ 40
Spaghetti Bolognese 28
Spaghetti Carbonara................ 42
Tortelliniauflauf mit
   Salbei und Parmaschinken 30
Würstchenauflauf.................... 45

Nudeln & Aufläufe mit Gemüse

Champignonauflauf 66
Gebratene Nudeln mit Broccoli..... 73
Gemüsespaghetti mit Käsesauce ... 48
Grünkerntagliatelle mit Rauke 60
Italienischer Gemüseauflauf 46
Penne mit Romanesco 52
Pilzlasagne............................. 64
Rotkohl-Lasagne...................... 50
Spaghetti-Pizza 56
Tomaten-Broccoli-Auflauf.......... 55
Tomaten-Hirse-Auflauf.............. 76

Tomaten-Nudel-Auflauf............... 74
Tortelloni mit Gemüse
   in Gorgonzolasauce 52
Überbackene Broccolinudeln 63
Vollkornlasagne mit
   Pinienkernen........................ 70
Würziger Pilzauflauf................... 68
Zucchiniauflauf mit
   süß-saurer Sauce 58

Aufläufe mit Kartoffeln

Auberginenauflauf auf
   Kartoffeln 78
Gemüse-Kartoffel-Fächer........... 87
Kartoffelauflauf 82
Kartoffelauflauf mit Kasseler 88
Kartoffelgratin 82
Kartoffelgratin mit Spinat.......... 88
Kartoffel-Käse-Auflauf 90
Kartoffel-Kohlrabi-Gratin........... 92
Kartoffel-Pizza 92
Kartoffel-Zucchini-Gratin 80
Tomaten-Kartoffel-Tortilla 84

HEYNE KOCHBUCH
07/2024

Herausgeber:	Genehmigte Lizenzausgabe für den Wilhelm Heyne Verlag, München, 2001 http://www.heyne.de
Copyright:	© 2001 by Dr. Oetker Verlag KG, Bielefeld
Titelgestaltung:	Kontur Design GmbH, Bielefeld
Grafisches Konzept:	Andrea Kelger, Bielefeld
Gestaltung:	MDH Reiner Haselhorst, Bielefeld
Redaktion:	Jasmin Gromzik, Miriam Krampitz
Rezeptberatung:	Annette Elges, Bielefeld
Fotos:	Thomas Diercks, Hamburg Ulli Hartmann, Bielefeld Herbert Maass, Hamburg Norbert Toelle, Bielefeld Brigitte Wegner, Düsseldorf Bernd Wohlgemuth, Hamburg
Satz:	Typografika, Bielefeld
Reproduktion:	Fröbus Firmengruppe, Köln
Druck:	Offizin Andersen Nexö, Leipzig

Die Autoren haben dieses Buch nach bestem Wissen und Gewissen erarbeitet. Alle Rezepte, Tipps und Ratschläge sind mit Sorgfalt ausgewählt und geprüft. Eine Haftung des Verlages und seiner Beauftragten für alle erdenklichen Schäden an Personen, Sach- und Vermögensgegenständen ist ausgeschlossen.

Nachdruck, auch auszugsweise, nur mit unserer ausdrücklichen Genehmigung und mit Quellenangabe gestattet.

Printed in Germany   gedruckt in leipzig

ISBN 3-453-19102-1